# 世界で活躍するリーダーを目指す君へ

南富士株式会社 代表取締役会長
杉山定久

イースト・プレス

はじめに

## えっ！　新入社員を副社長に抜擢？

「辞令　4月1日、マレーシアの自動車部品メーカーの副社長職を命ず」。

もし、新入社員がこんな辞令を受け取ったらびっくりするだろう。新入社員をいきなり副社長にする会社があるはずがない。

……いや、ある。それが、私が代表を務める「南富士株式会社」だ。

私は2005年、新入社員のひとりをマレーシアの日系企業の副社長に任命した。新入社員が、いきなり副社長になってしまったのだ。

どうして、そんな破天荒な人事をしたのか？

それは、日本のビジネス慣習を打破し、無限の可能性を持つアジア、そして世界で活躍できるリーダーを生むためだ。

弊社では若手社員に新規事業を任せたり、他の同期よりも早く管理職のポジションを与えたり、引きこもりだった若者を正社員にする事例が多数ある。副社長に任命した彼の場合はマレーシア留学の経験があったこと、そしてこの抜擢に結果を出してくれそうな意欲を感じたからだ。

今世界に求められているのは、

「世界で活躍できる経営者、リーダー」だ。

私は国内での競争力を保ち、地盤を確保しながらも海外にシフトできるグローバルな視点を持ったリーダーや経営者の必要性を感じている。そのために新入社員を副社長に抜擢することも、弊社では珍しい話ではないのだ。

自分には関係ないなどと思ってはいけない。

あなたにも無限の可能性がある。10年後には、世界を舞台にリーダーとして活躍することだって可能なのだ。

本書ではリーダーを目指す人、リーダーに任命されて戸惑っている人、すでにリーダーとして活躍している人に読んでもらいたいと思っている。世の中にはリーダーの指南書があふれているが、内容の浅いノウハウ本もあまた存在する。

浅い本に手応えを感じられない人には、本書は腹落ちできる内容だろう。それは本書が弊社で現実に起こったことをベースにしているからだ。

グローバルな視点を持った「真のリーダー」になるために本書が役立てば幸いである。

# 目次



## 第1章 リーダーに必要な人間力

## 第2章 イノベーションを生み出す管理力

第3章

# リーダーが成長するために必要な挑戦力

## 終章
# 戦略・戦術よりも必要なこと

第1章

# リーダーに必要な人間力

# リーダーに必要な、たった3つの条件

リーダーになるための条件は年齢でも性別でも国籍でもない。あなたがどれほど若くても、どこの国の人でも、男でも女でも気にすることはない。

私が考える**リーダーの条件は3つしかない。**

1　**まずは、素直な心。**これは人間力のことだ。

2　**次に、柔らかい頭。**仕事を管理するためには欠かせない。

3　**そして、挑戦力だ。**リーダーは失敗を恐れずに行動しなければいけない。

本書では章ごとに、この3つの条件をじっくりと解説する。

本書を読み終えれば、誰でもリーダーの条件を知ることができる、というわけだ。

まず1章では基本となる人間力について解説する。

**まとめ**

●リーダーの条件は、素直な心、柔らかい頭、挑戦力の3つだけ。

## リーダーに必要な3つの条件

**素直な心（人間力）**
- 人としての魅力
- 基礎力
- 諦めない
- 信じる
- 情熱

**柔軟な頭（管理力）**
- 考えられる
- 創造
- 経営
- 数字
- 自由な発想

**失敗を恐れない行動（挑戦）**
- まずやってみる
- 現場
- 実践
- 失敗を恐れずに挑戦

# 基礎力は「5つの力」

自分にはちょっと難しい、と思われた方もいるかもしれない。噛み砕いて言うと、**リーダーの条件とは肝（思い）と基礎力だ。基礎力がある人とない人とでは、同じことをしていてもどんどん差が開いてしまう。**

肝は情熱や気概だ。

では基礎力とは、

1　**人の話を正しく聞く力。**自分勝手に都合のいい部分だけを聞きとるのではなく、すべてを正しく聞き取る力のことだ。

2　**事実や動きを正しく見る力。**固定観念や今までの経験に縛られずに、先入観なく素直にものを見る力のことを指す。

3　**単純な計算が正しくできる力。**難しい計算の能力ではなく、足し算、引き算、掛け算、割り算がきちんとできること。

4　**話す力。**難しい話をするのではなく、自分の思いや考えをわかりやすく他人に伝えること。もし話すことが苦手なら、次の「書く」で代用してもいい。

5　**書く力。**余分な情報をそぎ落とし、A4用紙一枚程度に情報をまとめる。文字に限らず絵にしてもいい。書かせてみれば、その人がどういう人かがよくわかる。

この5つの力のことを指す。

この5つがきちんとできる人は、何をしてもスピードに富み、その上ミスも少ない。しかし、この5つのうち1つでも欠けていると、仕事のスタートからつまずき、ミスが続くだろう。

まとめ

**●基礎力とは、「聞く・見る・計算・話す・書く」の5つの力のこと。**

# 成長できない原因は？

「どうして自分はミスが多いんだろう」「自分が成長できているかわからない」と悩んでいる方は、**次の5つの基礎力が自分に備わっているかをチェックしよう。**

しっかり「聞く」、よく「見る」ためには、耳と目を動員することだ。耳と目も、どちらも2つずつあるからフルに活用したい。

「計算」は頭に頼ってはいけない。物事の全体を見るバランスが大切だ。

「話す」と「書く」はコミュニケーションの能力だから、仕事上とても大切だ。口は耳や目とは異なり、1つだけしかないことから多弁は不要であることがわかるだろう。

そして、「書く」とは物事をまとめる力のことでもある。

**これらの基礎力を持つ人は、仕事のミスが少なく、成長が早いはずだ。**

目と耳をフル活用する

**人間は目と耳が２つで口が１つ**
**多くを見て聞いて、多くを語らず**
これが成長・成功する人に不可欠な基礎力だ！

もし、基礎力を持っていて成長が早いならば、目標のレベルをさらに上げてみよう。これからの世界を作る若い人達には、ぜひ新しいことや難しいと思われることに挑戦して自らを高め人や企業、社会のために役立ってほしい。

**激動する今の社会では基礎力がある人とない人との差が大きくなっている。**難しいことはおいて、もう一度「聞く・見る・計算・話す・書く」力を見直したいものだ。

**まとめ**

●**基礎力があれば、ミスが減り、早く成長できる。**

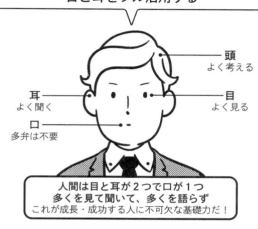

# 素直は成長の近道

対照的な2人の青年がいる。

Aさんは人の話を聞くと、

いつも「**わかりました**」と気持ちのいい返事をする。一見、優等生に思える。

しかしAさんは、返事はいいが行動に移すのが遅くやることはいつも違う。

**言動が一致しないのだ。**だから信頼を得られず、チャンスも巡ってこない。

もう1人のBさんを見てみよう。

Bさんはいつも目を輝かせ何事にも迅速、一生懸命に取り組む。自分が言い出したことは必ず実行し、周囲への感謝や気配りも忘れない。相手の話をよく聞き、行動もよく観察し、いいことは何でも真似る。

**だからより多くのチャンスを掴み、どんどん成長する。**

2人の差は何だろうか？

**それは「お利口さん」と「素直」の違いだ。**

Aさんはお利口さんだ。返事はいいが内心では「そうは言ってもなあ……」とできない理由を探し、自分の価値観を変えない。

Bさんは「素直」だ。返事がいいだけではなく返事をした通りに行動する。

つまり、どんなことも受け入れ、言葉と行動が一致するのが素直なのだ。

素直であることこそ成長への近道だ。

**まとめ**

**●素直な人はスピーディーに成長できる。**

# 求められるのは「T型人間」

今の時代に求められるのは**「T型人間」**だ。

T型人間とは、専門分野への深い知識を持つと同時に、幅広い知識も併せ持つ人のことを指す。専門分野の深さが「T」の縦軸で、幅の広さがTの横軸、というわけだ。

変化が激しい今の時代は、特定分野のスペシャリストであるだけでは必要とされなくなってしまう。人間としての魅力や人柄、情熱やネットワークといった広がりが必要だ。

もちろん得意分野がないと武器にならない。

だから、

**深さと広さをあわせ持つ「ジェネラリスト」、**

**つまりT型人間になるべきなのだ。**

では、どうすればT型人間になれるのだろうか？

T型人間とは

**T型人間になるためには、「いろいろな仕事を」「たくさん」やるといい。**

以前、社員からこんな意味のメールをもらったことがある。

「私は今、新人教育をする機会をいただいていますが、自分と関係がない仕事はやりたくない、という人の話を聞くともったいない気がします。なぜなら、私は仕事を選ばなかったことで新しい力を身に付けられたからです。T型人間の横棒はいろいろな仕事をすることで、縦棒は仕事をたくさんすることで伸びるのではないでしょうか」。

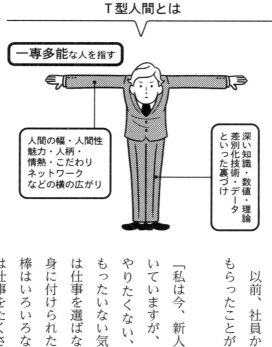

その通りだ。
この社員は続けてとても重要な気づきも書いていた。
「ですから、T型人間になるためには『とりあえず、あいつに任せてみよう』『あいつにも声をかけておこう』と思われる人間力が必要だと思いました」。

**そう、ここでも人間力が必要なのだ。**

まとめ

●求められるT型人間になるためには、人間力が必要。

# 勉強した知識はフル活用する

ある勉強会に若手社員のＡさんを送り出したことがある。会から帰ったＡさんは、「ありがとうございました。勉強になりました」と言っていた。

だが、Ａさんが変わった様子はない。それっきりだった。

**これはダメな勉強の例だ。**少なくとも社会人の勉強は、これではいけない。

学生の勉強は知識を得るだけでいいかもしれないが、社会人の勉強では得た知識を活用することが目的になる。勉強をして満足するだけでは、まったくダメだ。

「こういうことを学びました。**そこで、私にはこんなことができるのではないかと思いました**」

得た情報と自分のやっていることを組み合わせて、何ができるかを提案する。これこそがリーダーを目指す人が行うべき勉強だ。

たとえば何かを相談されたとき、「それは難しいかもしれません」と答えることは誰にでもできる。しかし、相談者が求めているのは「できない」という返答でも、批判でもない。

「代わりにこんな方法はいかがでしょう?」

「こう考えてみてはどうでしょう?」

こういった知恵やアイデア、代案こそ価値があり、相談者は「次もこの人に相談してみよう」と思うようになる。

人からの相談やビジネスチャンスは突然ふってくることが多い。あらかじめ答えが用意できない場では、その時々が勝負である。とっさの事態でも思考が停止することがないよう、普段からよく考え、情報を活かす習慣を身につけよう。

**まとめ**

**●得た知識は活用を。そして普段から、活用できる知恵を蓄えておく**

# 大切なのは「手段」より「目的」

連日遅くまで残業して完成させたプレゼンの資料。がんばった甲斐あって、すばらしい出来ばえだ。

しかし、プレゼンの結果は残念ながら伴わなかった。

このケースは評価すべきだろうか？

がんばったことは立派に思える。

**しかし、結果が出なければ意味がない。**

それがビジネスの世界だ。

どれほど苦労をして資料を作ったとしても、それ自体には価値はない。なぜなら、資料はプレゼンを成功させるための「手段」でしかないからだ。

**大切なことは、「手段」ではなく「目的」**だ。

パソコンの前に長時間座っていれば仕事をしているように見えるし、長い時間をかければ頑張っている気がしてしまう。だが、これらは手段でしかない。

実際の結果はどうだろう？

「いい資料に仕上がった」と作ったところで満足してはいなかったか？

本来の目的はなにか？

ちゃんと目的を達成できているか？

プレゼンの結果が出なかった原因はどこか？

次のプレゼンまでに改善すべきはなにか？

振り返ってみよう。

**まとめ**

●**手段よりも目的を意識しよう。**

# 知識と汗が知恵になる

知恵は知識とはまったく違う。

次の3人のうち、もっとも知恵を持っているのは誰だろうか？

Aさん。本も読まず勉強もしない。いつも行き当たりばったり対応している。

Bさん。勉強家だが得た知識を活用していない。言葉ばかり。

Cさん。基礎力に富み汗を流して得た知識を活用している。

**答えはCさんだ。**

Bさんは一見、知恵を持っているように見えるがそうではない。Bさんが持っているのは知識でしかない。

**知識は汗を流して活用し、実践することではじめて知恵になるからだ。**

今の日本には知識があふれているが、

## 行き当たりばったりと、知っているだけ、知識＋行動

サッカーに例えるなら、ボールが来ても……

| 行き当たりばったり | 知識があるだけ | 知識＋行動 |
|---|---|---|
| うまくボールを返せない | 身体が追いつかない | ゴールの確率は高まる |

**知識はときには邪魔になることもある。**

古い知識は固定観念となり、行動を妨げることがあるのだ。

だから、知識を実践でアップデートし知恵に変化させなければいけない。

**まとめ**

**●知識は、実践することで知恵となり成功の確率が高まる。**

# 「人づくり」と「自分づくり」を混同しない

自分の人間力を高めることを「人づくり」という。

**ところが、この「人づくり」を「自分づくり」と勘違いしてしまう人がとても多い。**

勘違いしがちな自分づくりとは、以下のようなことを指す。

・自分の興味の持てること、やりたいことだけに没頭する。
・ものごとの目的や意図を無視し、自分勝手に動く。
・行動せず、狭い場所で気が合う人とだけ話す。
・ディベートだけを仕事だと思い、行動が足りない。
・指示への返事はいいが、行動が伴わない。
・チャンスを自分だけのものと思い、自分の周囲に思いをはせない。

・レベルの低い仲間とインターネット上で会話するだけで満足してしまう。
・見る力（目）、聞く力（耳）、考える力（頭）が足りないのに多弁（口）。
・聞いた情報は持っているが、自分の足で稼いだ活きた情報を持っていない。
・上手くいかないことを周囲のせいにする。

これではいけない。成長は難しいだろう。

この本を手にした読者の中でドキッとした人もいるのではないだろうか？　自分勝手な自分づくりをしていることに、気がついていない人も案外多いのだ。

**まとめ**

**●人づくりと自分づくりは違う。**

# 人づくりの5つのポイント

人づくりと自分づくりはまったく違う。

「魅力的」「もう一度会いたくなる」「会うと元気になる」「自分のことよりも相手や周囲のことを考えられる」。こういう人になることが人づくりだが、実際は難しい。

人づくりは、知識を得るだけではいけない。挑戦して、実践しなければならない。挑戦には失敗もつきものだが、**失敗から学べれば人はさらに大きくなれる。**

多くの出会いを求めて行動し、生の知識を手に入れる。そして、チャンスを活かし、行動することで幅を広げ、同時に専門性も深めT型人間になる。チャンスを与えてくれた人への感謝も忘れてはいけない。

これが人づくりだ。

人づくりのポイントを5つに絞ると、次のようになるだろう。

1 **時代・相手の求めるものを想像する。**目・耳・頭・体幹をフルに使おう。

2 **チャンスを活かす。**チャンスはお金とは違い、貯金できない。消え去る前に、すぐに活かそう。

3 **実践こそすべて。**頭を使うだけではだめだ。

4 **基本を忘れない。**応用も大事だが、まずは基礎から。

5 **無視は最低。**必ず反応しよう。ただし、返事だけしてやらないのは「最悪」なので気を付ける。

まとめ

●**失敗を恐れず、実践によって人づくりに励む。**

# 足を使えば道が開ける

今はインターネット時代だ。たいていのやりとりはパソコンやスマートフォンで済んでしまう。

**しかしオンラインのやりとりは建前や一般論で終わることが多く、本音や核心に触れにくい。**

そんなときは、思い切って相手のところを訪れ直接話をしてみよう。スムーズに話が進むし、新しいビジネスが生まれる可能性も高い。時間をかけても、決して無駄にはならない。

難しい仕事の場合も同じだ。

頭の中でいろいろ考えても、行き詰ってしまう。だが、仕事相手に直接話をすると、道が拓けることが多い。

## 面と向かうと広がる

ネットで探した情報をもとに、
メールでやりとりをする。
便利なやりとりだが……

面と向かい直接話をすることで、
印象アップややりとりが
スムーズになることもある。

**ネット世界は情報が溢れているからこそ、
直接「会う」ことに価値がある**

### インターネットは便利だが万能ではない。

ときには足を使って相手と会うことや、表情から本音を読みとることも、とても大切だ。

行動というアナログな方法には、デジタルにない威力がある。

**まとめ**

- ネットだけのやりとりでは限界があるときは、直接会うとよい。

# 仕事にドラマを

仕事には困難や厳しさがつきものだ。

これらを単に苦しさと受け取ると、どんどん考えが暗くなり、夢や目標を見失ってしまう。

発想を転換しよう。

**ピンチはチャンスであり、苦しさはドラマなのだ。**

映画を見たり、小説を読んだりすると、主人公が必ずなにかに苦しんでいる姿に気づくだろう。

そう、ドラマには苦難が欠かせない。

**映画や小説の主人公はみな、苦難を乗り越えやがてハッピーエンドにたどり着く。**

苦労があるからこそハッピーエンドが引き立つというわけだ。

仕事はドラマに似ている。途中の苦しさがあるからこそ、それを乗り越えいい結果が出る。苦しいときは、自分のことをドラマの主人公だと思うのも手だ。

主人公に限らなくてもいい。ドラマには脇役もいればライバルもいる。みながそれぞれ、役割を持っている。

あなたにも、他の人では果たせない役割があるはずだ。

**まとめ**

●仕事が苦しいときは、自分をドラマの登場人物だと考えてみる。

# 「会いたくなる人」になる

激動の現代は「選択の時代」でもある。リソースは限られているため、何を選ぶか選ばないか、誰に会うか会わないか、**優先順位を付けざるを得ない。**順位を付けないと、ただリソースを浪費することになってしまう。モノにも人にも基準を設けて優先順位をつけよう。会うことで多くを学べる「会いたい人」を作れば、成長できる。

別の表現をすると、今は全員が平等ではない時代だということでもある。あなたも、優先順位を付けられているということだ。

**こんな時代には相手にとって「会いたくなる人」になる努力が必要だ。**

会いたくなる人には次のような特徴がある。

1　生きた情報を持っている

2　知恵やヒントを持っている
3　チャンスを与えてくれる
4　周囲にも分け与えられるほどの元気なオーラを持っている

こんな人になれたら、あなたに「会いたい」と思う人が増えるだろう。会いたくなる人になる努力はもちろん必要だが、その近道は先に紹介した特徴の人に会って刺激を受けることだ。

**まとめ**

●「また会いたい」と思わせる人になれる努力をする。

# 「人望」の具体的な内容とは？

国内外問わず、人と接することが多い私は「人望がある人になりたいのですが、どうしたらいいですか？」と聞かれることが多々ある。そういう悩みを持っている人は多いが、漠然と「人望を持ちたい」と思っているだけでは、いつまで経っても願いは叶わない。

人望とは具体的に何か、私なりに分析してみた。

**まず、人望がある人は、**

・基本がブレない
・相手目線を持てる
・ギブ&テイクを徹底する
・言葉と行動が一致する
・日々成長している

・情熱的に行動できる
・大局的なものの見方ができる
・物事から逃げずに立ち向かえる
・明るく、元気
・何事も「Yes,but……」と受け入れる

**人望がない人はその逆だから、次のようになる。**

・基本がなく刹那的に行動する
・自己中心的
・テイクのみでギブがない
・言葉ばかりで行動がない
・ワンパターンを繰り返し、成長していない
・情熱がない
・細かいところばかりにこだわり、大局が見えない

・逃げる理由ばかり言う
・暗くネガティブ
・「No,but……」が多い

**人望を得るのも、日々の習慣の積み重ねだ。**

まずは「気づく」こと。本や新聞を読み自分の頭で考える。人と会って、学びを得る。

次に、複数の目線を持つこと。自分目線だけではなく相手の目線を持つ。また、問題発見だけではなく問題解決について「全体から」考える。このように、1つの視線だけにこだわらないことが大事だ。

そして自主性。指示がなくても自ら動き、提案すること。逃げないことだ。

これらを習慣にして人望を手に入れよう。

まとめ

●**人望は、日々の習慣の積み重ねで手に入る。**

# ギブ&テイク

「チャンスが欲しい」

「話を聞かせてほしい」

このように「取る」（テイク）ことばかりを考えていないだろうか。これでは、自己中心的と言わざるを得ない。

**テイクするためには、「ギブ」（与える）ことが欠かせない。**

与えることができれば、相手もあなたに何かを与える気になるはずだ。

しかし、相手に何も与えずに要求ばかりしても、相手はあなたに与える気になるだろうか？

虫が良すぎるというものだ。

ギブ＆テイクの原則を守り、何かを欲しいときには、まず自分から相手に与えるようにしよう。
与えるものが見当たらなくても大丈夫だ。
**アイデアを考えたり、手伝えることを提案したりすることも、ギブになる。**
ギブ&テイクができれば、人間的魅力も増すはずだ。

まとめ

●テイクだけにならないよう、ギブ&テイクを徹底する。

# 「戦略的準備」で差をつける

ある時、大切なお客さまを中国に案内することになった。

準備が必要だ。どんな準備をすべきだろうか？

**準備には2種類がある。**

1つは誰にでもできる「標準的準備」。手配や資料作り、現場の整理整頓など常識的なことだ。

標準的準備ができるのは最低の条件。これだけで満足してはライバルに差をつけられない。

**大切なのは「戦略的準備」だ。**

**戦略的準備とは相手を驚かせ、感動させる準備のこと。**

標準的準備だけでは相手は驚かない。その上に戦略的準備を付け加えることで、相手を感動させることができる。

標準的準備と戦略的準備。2つの準備で相手に喜んでもらおう。

## 2つの準備

まとめ

● 準備には、「標準的準備」と「戦略的準備」がある。

# 感謝は行動で表す

仕事で付き合いのある企業のトップに、あるプレゼントをした。

ところがA社からは何の反応もない。贈り物が当たり前になってしまっているようだった。

しかしB社は違った。

社長と常務へのプレゼントを受付に預けてくると、

**2時間後には常務から電話があり、さらにその直後には社長からも電話があった。**

すばらしいスピード感だ。A社とB社の差は大きい。

両社の業績を見ると、B社は破竹のスピードで成長しているが、A社にはあまり元気がない。

トップの姿勢が、業績に反映しているのではないだろうか。

この事例から分かることは、感謝は具体的な行動で表現すべきだ、ということだ。**感謝は行動に移さなければ相手へ伝わらないからだ。**

もしかしたら、A社のトップも、プレゼントに感謝していたのかもしれない。しかし、行動に移さなければ相手へは伝わらない。感謝しなかったことと一緒だ。

感謝の手段は、電話でもメールでも何でもいい。とにかく、行動に移すこと。それが大事だ。

**まとめ**

**●感謝は行動で表さなければ意味がない。**

# 4つの目線を駆使する

批判を恐れずにあえて言うと最近、**自分目線しか持っていない人が多いように感じる。**

他人の目線を持っていても、せいぜい家族など身近な目線。

「僕はこう思います」「家族がこう言っていました」。

この程度の幅しか持てない。これではリーダーの視野としては狭いと言わざるを得ない。

目線には4つある。

1　**社会目線。**社会では何が必要か？　この仕事は社会に役立っているのか？　という広い目線。

2　**お客さま目線。**お客さまはどういう商品を買いたくなるのか？　という目線。

3　**相手目線。**相手の立場に立つ。自分とは逆の目線を持っていることが多い。また、感謝の心を忘れないためにも必要。

4　**自分目線・家族の目線。**自分や自分に近い者の目線。主観に近い。

1つの物事でも、この4つの目線で考えられればいろいろなことに気づくだろう。1つの視点に固執してはいけない。多くの視点を持とう。

まとめ

● **1つの物事も、複数の視点から眺めてみる。**

# 3つの師

長い人生では、さまざまな人と出会うはずだ。中でも、いい師と呼べる人との出会いは成長できるか否かに大きな影響を及ぼす。

**師はたくさんいるが特に大切なのは、両親、先生、そして上司だ。**

いずれの師も人生に大きな影響を与えるだろう。

しかし、この３つの師は自分の意思では選べないし変えられない。

だからこそ、もしいい師と出会えたら、その出会いを大切にしなければいけない。

あなたはいい師と出会っているだろうか？

**まとめ**

**●いい師との出会いを大切にする。**

# リーダーに必要な意思力

新規のプロジェクトや事業をはじめてみたが、どうもうまくいかない。

思い当たる原因はいくつもある。景気が悪い、もっと優れた他社商品がある、などだ。

しかし本質はそこではない。

**担当者に「これは絶対にやる！」という覇気がないのだ。**

「何としてでもやり遂げる」という迫力が担当者から感じられない。元気がない。指示されて動いている感じがする。

これではお客さまを説得することはできないだろう。

担当者の知識が足りない印象を受けたので、別の角度から勉強できる方法を伝えると笑顔になり、やる気を取り戻したようだった。

そう、知識がないなら勉強すればいいのだ。

この事例からもわかるように、**ビジネスとはまず「人」なのだ。**

商品や販売戦略も重要だが、何よりもまず人に「意思力」がなくてははじまらない。

そして人を動かすには、まずリーダーが

「この契約は絶対に取る！」

「このプロジェクトは必ず成功させる！」

という姿勢を示すことが大事なのだ。

**まとめ**

**●ビジネスには、意思の力が必要。**

# 真価は危機に現れる

企業の不祥事についての記事にこんなことが書いてあった。
不祥事を乗り越えられる企業には次のような特徴があるという。

1　**即日対応。**スピード感のある対応ができる。
2　**リーダーが自らの責任を認める。**経営者としての器があるということだ。
3　**不祥事への具体的な対応を明示する。**問題を解決する能力のことだ。

この3つができる企業は不祥事を乗り越え、むしろ業績を伸ばすことができる。しかし、できない企業は信頼を失い経営の危機を迎える。
順調なときではなく**問題時にこそ、その企業の本当の力が見えるということだ。**

同じことがリーダーにもいえる。

問題が起きたとき、ピンチのときこそ、リーダーその人の素顔が見える。そして部下をはじめ周囲はそんなリーダーをよく見ているはずだ。

リーダーは権力を持つが、その代わりに責任がある。

**権力と責任はセットで考えなければいけない。**

逆に、失敗を周囲のせいにしたり、スピードが遅かったりするリーダーは、優秀な社員の信頼を失い、時代に対応できないだろう。

欧米には「ノーブレス・オブリージュ」(高貴な義務)という言葉がある。これは、権力や社会的地位には責任が伴うことを意味している。

多くの企業でリーダー不在が問題視されている。若手、中堅社員の管理職離れも加速していると聞く。責任をとるのが嫌だから「管理職になりたくない」と意思表示をする社員も増えているそうだ。責任が取れない者は、リーダーになるべきではない。リーダーになるなら、責任を取る覚悟が必要だ。

まとめ

● **本当の力は、危機のときに見えてくる。**

# 一流人の特徴とは？

最近、すごいリーダーや担当者の方と話す機会が多い。

何がすごいか考えてみたら、**すごいリーダーには次の共通する傾向がある**ことに気づいた。

1　おおらかで、聡明。
2　考え方の出発点が「自分」ではなく相手や社会。
3　目線が高いため、ものごとの全体を見られる。
4　細かいテクニックではなく、本質についての話に触れている。
5　飾らない態度で人と接する。
6　人の器が大きい。

こういったリーダー達に近づけるよう、日頃から努力しよう。

**まとめ**

●すごいリーダーには共通する傾向がある。

## 一流と一般の比較

| 一流人 | | 一般のままで終わる人 |
| --- | --- | --- |
| 社会・相手 | 出発点 | 自分 |
| 高く、全体を見ている | 目線 | 低く、目先しか見えていない |
| 本質的 | 話 | テクニックに頼りがち |
| 飾らない<br>「この人！」と思ったらとことん信じる | 態度 | 自分を正当化する<br>相手をなかなか認めない |
| 大きい、与える側 | 人としての器 | 小さい、与えられる側 |

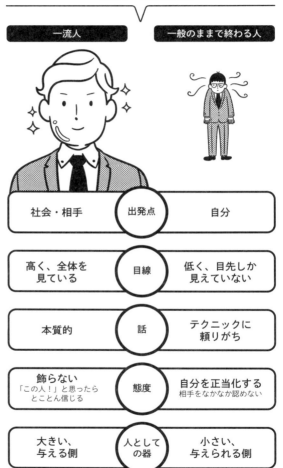

# 残念なリーダーと優秀なリーダーの差

リーダーといっても全員がみな、優れている訳ではない。

**うまく組織を率いることができないリーダーには次のような特徴がある。**

1　常に「待ち」の姿勢。

2　小手先の対応が多い。大きな問題意識がない。

3　頑張る力はあるが手段と目的の区別があいまい。

4　失敗を恐れ、すぐに諦めてしまう。

こういうリーダーはその場しのぎが目立ち、大局的な視野がない。

一方で優秀なリーダーには次のような特徴がある。

1　基本方針がブレない。

2　強い情熱を持ち、その情熱が行動に表れている。

3　人を動かすだけではなく、システムや技術も組み合わせている。

4　多くの議論よりも1つの実践を通じて道を拓く。

このようなタイプには、戦略的にビジネスを仕掛ける能力がある。

まとめ

●戦略的に生きよ。

# リーダーは外に出よ

リーダーは机に座って指示を出す人間だとイメージしてはいないだろうか？
それは優秀なリーダーではない。
部屋にこもり机の前で入ってくる情報だけに接していると、視野が狭くなり社会やお客さまの変化に気づけない。リーダーとしては致命的だ。

**リーダーは積極的に外に出て、さまざまなことを体験すべきだ。**

感動も、失敗も、事故もあるだろう。だが、どれも糧となる。

また、外に出ると言っても同じ場所にばかり行ってはいけない。今まで行ったことのない場所や、刺激のある場所にも顔を出してみよう。得るものがあるはずだ。


**そして外に出たら最低でも何か1つ、「お土産」を持ち帰ろう。**

お土産は情報でも、新しい人との出会いでも、何でもよい。リーダーは手ぶらで帰社してはいけない。

同じ時期に、同じ場所で、同じ仕事をしている2つのチームがあった。

Aチームのリーダー、Aさんは、仕事の目的やチームの人々の役割を明確にし、紙に書き出して全員で共有した。Aさんも自ら積極的に行動しチームを引っ張っている。

Bさんは、席に座り指示をしてばかり。言葉は多いが行動が少ない。現場の仕事は部下に任せっぱなしでチェックをしない。

業績はAチームのほうがはるかにいい。

**部下は上司を見るからだ。**部下は上司の言葉ではなく、行動を見ている。

**つまりリーダーの差は、そのままチームの差になってしまう。**

困ったことに、リーダーには誰も注意をしてくれない。だから、リーダーは自分で自分を戒め、チェックしなければいけない。

**まとめ**

- **リーダーこそ積極的に外に出よ。**
- **リーダーの差が成果の差になる。**

# 必要なのはモノよりリーダー

会合でカンボジアの貧しい女性を支援しているという、ＮＰＯのリーダーと出会った。会員から寄付を募り、支援しているという。実に素晴らしい活動だ。

だが、貧困の解決のためには「与える」だけでは不十分だとも思う。人は与えられるばかりでは、「もっと欲しい」と、要求がエスカレートするばかりだ。

**根本的な解決のためには、そこにリーダーを育てることだ。**リーダーが産業を起こせば仕事が生まれ、生活は豊かになる。

言い換えれば、「モノ」だけではなく「人」が重要だということだ。特に、今はマネジメントできるリーダーが欠かせない。

まとめ

● **モノよりもリーダーが必要。**

# リーダーのいない会議

ある会議を見学したら、とても非効率的だったので驚いた。

1　会議の目的がわからず目標も不明確。
2　みながバラバラに勝手な発言をするばかり。
3　やるべき課題に対し「できない理由」ばかり話題になる。
4　結局、何も決まらない。

こんな会議は少なくないが、なぜこうなってしまうのか？

**それはリーダーがいないからだ。**

リーダーとは常に組織全体の目的を忘れず、目的を達成するための強い使命感を持った「公人」だ。「私人」ではない。

会議でいろいろな意見が出るのは当然だ。だからこそ、組織全体の目的のために、それらの意見をまとめ、決断するリーダーが必要なのだ。

まとめ

●リーダーのいない会議は、結論が出ない。

# 行動するリーダー

あるプロジェクトが、危機的な状況に陥った。

しかしメンバーの動きは悪い。みんなが「待ち」の姿勢になってしまった。

そんな状況を見て応援を派遣した。とても行動的な人材だ。

真っ先に変わったのが、リーダーだった。次々と行動に移す応援のスタッフを見て、「これはまずい」と気づいたらしい。リーダーも動き出した。

**すると、プロジェクトのメンバー全員が、行動を始めた。**

このように、部下はリーダーの行動をよく見ている。言っていることを聞いているのではなく、行動を見ているのだ。リーダーは行動しなければいけない。

**まとめ**

**●リーダーに必要なのは言葉より行動。**

# 前例がないから、やる

前例がないことは、通常避けられる傾向にある。
しかし、ビジネスではその逆を行くことが大事だ。
**つまり、前例がないからこそ、やるのだ。**

前例がないということは競争相手がいないということでもある。それは、新しいマーケットが作れるということを意味している。だから、前例がないことにも積極的にチャレンジすべきだ。

よく観察し、カン（感、観、勘）を働かせ、具体的な方法を見つけよう。道はいっぱいあることに気づくはずだ。
前例がないところにも道は拓ける。前例がないのは小さなヒントを見落としているだけかもしれない。

「人の行く裏に道あり、花の道」。相場の世界では有名な格言だが、私の好きな言葉だ。私は常に「前例がないからやってみよう」と考え行動している。

「はじめに」で書いたように新入社員を副社長に抜擢し海外に派遣させたニュースは経済誌をはじめメディアに注目された。

また、ニートや引きこもりといった正社員として働いた経験のない若者の採用に積極的に取り組んだ際は「前例なき人材育成法」と、こちらも多くの取材に応じた記憶がある。

前例がなかったから、やってみるのも1つの方法なのだ。

まとめ

●前例がないところにこそチャンスは潜んでいる。

# 第2章

# イノベーションを生み出す管理力

# 経営は信頼から

企業の経営でもっとも大切なことは「信頼」だ。

ビジネス環境の変化が加速し、イノベーションが求められる現在において、社内外問わず連携するために信頼関係は不可欠といえる。たとえば大きなビジネスをする際、トップ同士の信頼こそが成功の原動力となる。

リーダーの仕事は、組織の最終目的を達成すること。

**しかしリーダーが目の前の細かい仕事にとらわれて右往左往していると、チーム全体が一向に前に進めない。**

だからリーダーは、具体的な仕事をそれぞれの担当者に任せ、大きな目標に向かい合わなければいけないのだ。

**そして、仕事を任せる際に必要なのが担当者への信頼だ。**

いったん決まったら細かいことは担当者に任せ、リーダーは口を出さないことだ。

信頼を築くためには腹を割って話すことだ。相手に言いづらいことも明確に話す。その場をごまかすよりも素直に伝えるほうがいい。

これからの時代は海外の文化や価値観が違う相手と手を組まなければいけない。だから、信頼の重要性はさらに増すだろう。

**まとめ**

**●リーダーは相手を信頼しなければいけない。**

# 現場と数字の両方を見る

金融機関やコンサルタントは、その企業がいい会社かダメな会社かを判断するために貸借対照表や損益計算書といった「数字」を見る。数字には企業の状態が表れているからだ。

**だが数字と同じくらいに大切なのは、「現場」の様子だ。**

現場で働く人々に元気がなければ企業の元気もないだろう。それは数字を見るまでもない。

だが、現場がイキイキしているのに数字が悪かったら？

それは、リーダーやシステムに問題があるということだ。問題のありかが、少し見えてくるだろう。

トップが何を考え、どこに向かおうとしているのか、目標や目的を明確に示し、具体的なやり方（システム）を時代に合わせていく事が求められる。しかし多くの人々はトップの人が何を考え、何を言ったかではなく、何をしているか行動を見て判断している。トップやリーダーの行動を見れば全体が把握できる。

数字で判断するのは簡単であるが、**数字は有力な目安になるが、同時に、数字は常に過去のものであることを忘れてはいけない。**

スピードが求められる現代では数字と現場を両方見て、総合的に判断しなければいけない。

**まとめ**

● **数字だけではなく、現場もチェックして判断する。**

# 改革には痛みが伴う

組織や個人が衰えるときには、次のような兆候がある。

1　物事の全体像が見えず変化に気づかなくなる。

2　問題の存在に気づいていても対策を立てなくなる。

3　できる理由より、できない理由を探すようになる。

4　上手くいかない場合でも自分を正当化し、できない理由を自分以外に求めるようになる。

5　物事を数字や図で「見える化」できなくなる。

こんなときには改革が必要だ。

**組織や自分を変えなければ、ゆっくりと滅んでいくしかない。**

改革のためには、次の力が求められる。

1　事前準備。
2　見えないもの、本質を見る力。
3　言いにくいことも言う真摯な姿勢。
4　豊富な知識と経験。
5　その場で答えを出すスピード感。
6　相手の気持ちを汲み取れる人間力。

**長年付き合ってきた習慣や価値観を変えることは難しい。**

**だから、改革には痛みが伴う。**

しかし、改革の必要性に気づかなければ自分や組織を滅ぼすことになる。あなたは大丈夫だろうか？

まとめ

**●衰えを克服するための改革には痛みが伴う。**

# 新しい価値を作る

従来の経営は本業を中心として、本業の延長線上にさまざまな新規事業を展開するのが基本的なやり方だった。**だが社会が激変する現代では、1つの枠にこだわっていては成長や安定は期待できないだろう。**

こんな時代には、まったく新しい価値を生み出しその価値に基づいた新規事業を立ち上げなければいけない。**それが「価値創造経営（Value Creation Management）」だ。**

価値創造によるビジネスは前例がないので自ら道を拓かなければいけない。だが、道がないということは競争相手も敵もいないということだ。多くの人をファンにできるだろう。

まとめ

●価値創造経営は、敵を作らない。

従来の経営と価値創造経営の比較

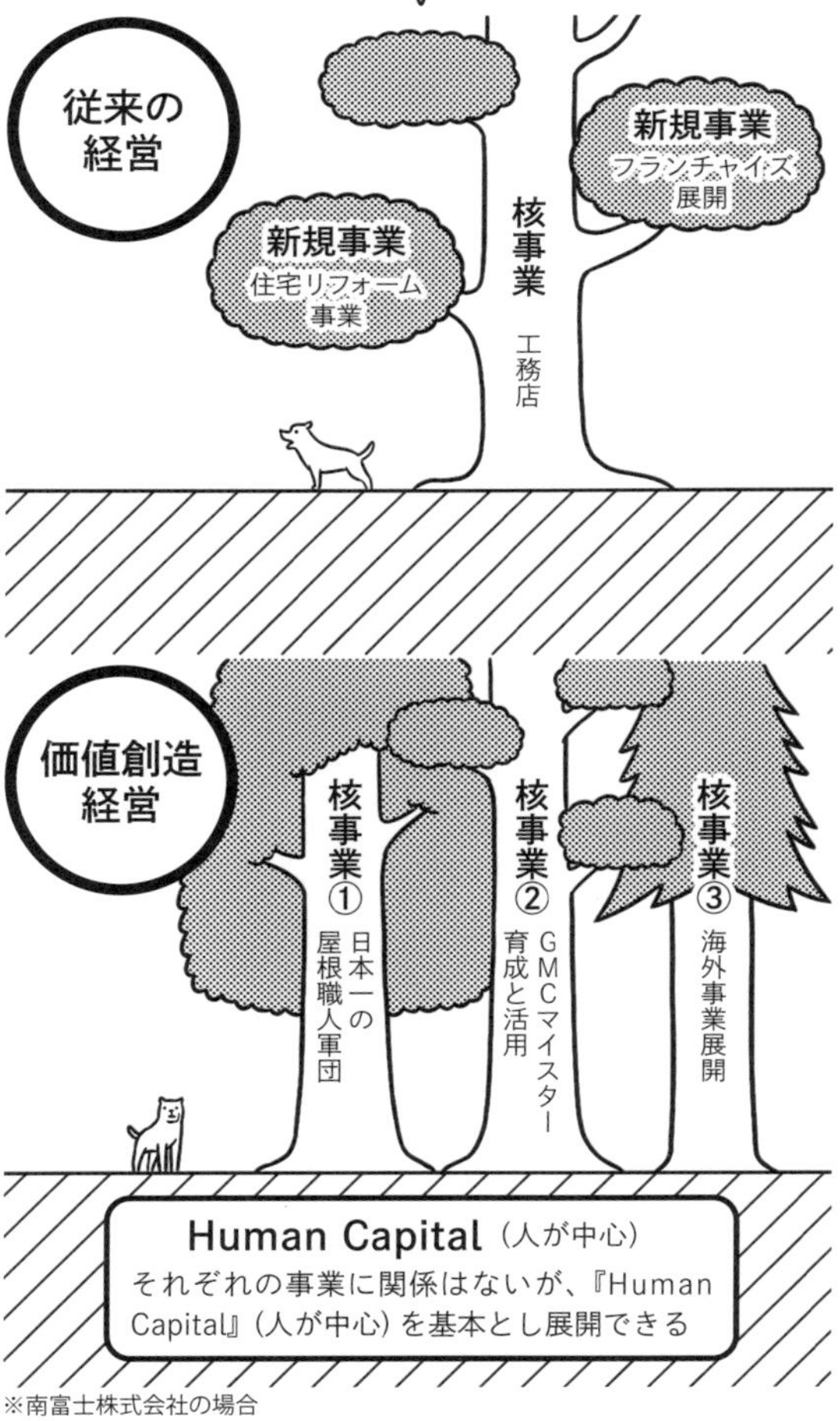


※南富士株式会社の場合

# マネジメントの本当の意味

マネジメント（Management）という言葉は、一般には「経営」とか「管理」と訳されるが、マネジメントの本当の意味は「お客さまを見つけてお金を頂き、仕事をし、給与を支払い、経費をまかなって収益を上げる」ことだと考えている。

この一連の中でもっとも難しいのが「お客さまを見つけてお金を頂く」ことだ。これを別の言葉で表現すると「事業創造」となる。

**そして事業創造によって新しいビジネスが生まれることを「イノベーション」（Innovation）という。**

これからのリーダーに求められるのは、イノベーションを含むマネジメントだ。

**まとめ**

**●マネジメントにはイノベーションが含まれる。**

# 新しい仕組みを作る

弊社で好成績を上げている部門のリーダーに好調の理由を聞いてみた。

すると、業務を分業化する「仕組み」を作ったため業務が効率化できたのだという。

それまでは仕事量が増えると現場からの帰りが遅くなり、疲れてミスが増えていたという。

すると、ミスをカバーするために現場にいる時間が長くなり、さらにミスが増える……と、悪循環に陥っていた。

**リーダーはこの悪循環を断ち切るために、業務を分業化・専門化して効率化する仕組みを作った。**

自分達にしかできないことと、他に依頼したほうがいいことを分けたのだ。

仕組みを作ったことで大幅に時間的余裕が生まれ、全体を見たり先を予測しながら仕事を進められるようになった。

その結果が数字に表れたというわけだ。

**個人の頑張りには限界がある。**

結果を出すためには仕組みそのものを変えるしかない。

まとめ

● **個人の頑張りよりも仕組みの変革に目を向ける。**

# 成功の「3つの源」と第3の道

新しいことに取り組んでも、なかなかうまくいかないことがある。
そんなときに成功を導くのは**「3つの源」**だ。

1 **好きになることと、信じること。**自分が取り組んでいることを心から好きになる。また、取り組んでいることの価値を信じる。

2 **ゴールをイメージする。**ゴールが明確である程、モチベーションを維持しやすいからだ。

3 **とことん、やる。**挑戦には失敗がつきものだから、一度や二度の失敗でへこたれてはいけない。せめて、5回、10回は繰り返したい。

ものごとを成功させるのは簡単ではない。上手くいかないことも多いはずだ。
そんなときは、この3つの源を思い出し挑戦を続けよう。

そしてビジネスは決断に迫られることが多い。「右か左か」と、二者択一の難しい分かれ道が多いのだ。

**そんな時、忘れてはいけないのは、「第三の道」だ。**

右でも左でもなく、まっすぐ。AでもBでもなく、C。

このように、選択肢にない、新たな選択を作るのだ。

中国ではよく「白い猫と黒い猫のどちらが好きですか?」と聞かれた。性格を診断しているのかもしれない。「赤い猫が好きです」と答えると、相手は驚いた。

**第三の道を選ぶことは相手の土俵に乗らず、主導権を握るということでもある。**

与えられた選択肢の中で悩むのではなく「何をすべきか」を自分の頭で考え、新しい選択肢を作る。すると道は拓けポジティブにもなれる。

まとめ

**●悩んだら「3つの源」を思い出す。それでもダメなら新たな選択肢を作る。**

# 種をまく

給与の5％くらいは自分の将来のために投資したほうがいい。本を買ったり、旅行をしたりといったことだ。**将来への投資は「種まき」だ。**目先の利益にはならないが、いずれ花を咲かせてくれるかもしれない。

個人だけではなく、企業も同じ。私が長いこと「杉山種まき奨学金」を出しているのも文字通りの種まきだ。決して期待して奨学金を出しているのではない。

企業でのお金の使い道は「投資」（種まき）と「経費」に分かれるが、人材へお金を使うことは経費ではなく投資だ。

特に**人材の花は大きく咲くことが多い。**

奨学金の第一回はインドネシアの若者に出したのだが、彼はその後大臣になり、情報やサービスを提供してくれている。

私は今も日本やアジアで種まきを行っている。育てた人は財産であり、このヒューマンネットワークこそが多彩なビジネスチャンスを運んでくれる。

ビジネスでいう種まきは自分への投資、そして縁のある人との関係構築や、新しい縁を広げるためのことをいう。

数年前にインドネシアの首都ジャカルタで、日本以外では初の屋根工事に挑戦した。

現地の材料を使い10年間雨漏りしない施工を行っているのである。

日本から材料を持っていくと関税が掛かるのでコストの問題がある。だから、現地の材料を使う。

雨季のあるインドネシア、また、新築でも雨漏りが珍しくないお国柄だ。屋根施工をする職人もいない。

そんな状況で、担当者のSさんは八面六臂の大活躍だった。これをきっかけに、アジアでも雨漏りしない屋根工事の道が拓けるかもしれない。

**思えば、今回の工事のきっかけはインドネシアに奨学金を出したことだった。**まいた種はインドネシアで咲いたのだ。

余力があったら種をまこう。

まとめ

- 種まき、特に人材への種まきは大きく花咲くことが多い。
- 海外でまいた種が大きな花を咲かせる時がある。

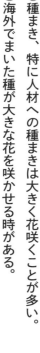

# 一筋よりも「二筋」

慶應義塾大学のＭＢＡプログラムの教授から「南富士さんはＣＳＶ経営ですね」と言われたことがある。

ＣＳＶ経営とは、Creating Shard Value であり「共有価値の創造」と訳されることが多い。

彼がそう言ったのは、弊社では本業と並行してアジアでの人材育成・活用事業を行っているからだ。今まで「ビジネス」と「人づくり」の関連性をうまく説明できなかったが、ＣＳＶ経営は的を射た言葉だと思った。

**本業での高収益と社会の課題解決は両立できる。**

脇目も振らずに1つの物事に打ち込むのも立派だが「同時複数」のビジネスを進めることも、激動の現代では大切だ。

常識や固定概念を打ち破って新しい道を切り拓いていく事が魅力的な企業であり、

社会性のある企業として成長していく姿であると確信している。

一筋もいいが「二筋」も視野に入れよう。

私も弊社を「人づくり」「社会性のある事業」「人マネしない、されない企業」3つの基本理念のもとアジアと日本でさらに羽ばたける企業にしたいと思っている。

**まとめ**

●収益を上げることと、社会に還元することは両立できる。

# イノベーションの2つの源

ビジネスにイノベーションが必要であることは言うまでもない。

行き詰まったり、上手くいかなくなったりしたら、新しい発想、つまりイノベーションが必要だ。

だが、イノベーションには2つの方法があることを知っているだろうか？


1つは「独創」だ。ゼロから画期的なアイデアを生み出すことだ。

**しかし独創は難しい。**才能も経験も必要だ。


**イノベーションのもう1つの方法は「組み合わせ」だ。**

こちらの方法は独創ほど難しくはない。

組み合わせのよい例がスマートフォンだ。スマートフォンは電話、カメラ、録音機、計算機などの組み合わせで成り立っている。

電話やカメラはそれぞれスマートフォンの発明以前からあった。スマートフォンはゼロからの独創ではなく、組み合わせによるイノベーションなのだ。

**組み合わせによるイノベーションを成功させるポイントは、遊び心にある。**

「え、そんな物同士を？」とびっくりするような組み合わせを試す遊び心だ。

50年前には電話機もカメラも計算機もあった。

だが、それらを組み合わせてみようと言っても、ほとんどの人が驚いただろう。しかし、今日、その組み合わせはスマートフォンとして実現した。

イノベーションには遊び心があるといい。

**まとめ**

**●遊び心でものごと同士を組み合わせるとイノベーションにつながる。**

# イノベーションは簡単だ

イノベーションと聞くと難しそうに思えるがそんなことはない。

**日々のちょっとした習慣が、イノベーションにつながる。**

中でも次の3つはお勧めしたい。

1　**人と会う。** 1日1人と会うだけでも1年で300人近い人と出会える。「違う年齢の人」「違う業界の人」「海外の人」「メディアに紹介された人」「異性」との出会いはイノベーションにつながるだろう。

2　**本を読む。** 本を選べる人は人を選ぶことができる。そして人を選べる人はイノベーションができる。インターネットの時代で本を読む人は減っているが、今どんな本が売れているか知る事は話題にも困らないし自分の勉強になる。

3　**外に出る。** 会社や家にこもってばかりいると視野が狭くなる。外にはヒントや気づきがいっぱいあるはずだ。

人と出会い、本を読み、外で刺激を受けよう。イノベーションも、こういった地味な一歩一歩の積み重ねなのだ。

ところでイノベーションの第一歩は何だろうか？　問題を解決することだろうか？　そうではない。

通常、そもそも解決すべき問題を発見できていないことのほうが多いのだ。

**つまり、イノベーションは、問題を見つけるところからはじまる。**

いきなり問題解決にとり掛かることはできない。

人との関係でも問題を発見することは大きな意味を持つ。

問題を共有すれば話も弾み、信頼感も増すからだ。

**まとめ**

**●イノベーションも、日々の習慣の積み重ね。問題探しからはじまる。**

# サプライズで相手の期待を「超える」

相手と問題を共有できたら解決策を提示したい。

その時、相手の期待を下回る解決策を出してもダメであることは言うまでもない。

がっかりされ、あなたへの信頼は失われる。

**だが、相手の期待通りの解決策でもダメだ。**

「それはいいですね」と言われるだけで話が広がらない。

出すべき解決策は相手を「まさか」と驚かせるものでなければいけない。それは相手の期待を超えるということだ。

**期待とは「応える」ものではなく「超える」ものだと覚えよう。**

相手の期待を超える解決策を出すためには、

1　柔軟な発想。
2　多角的な視点。
3　本質を見抜く目。
4　日頃からのアイデアトレーニング。
5　瞬時に気づく力。
6　小さな変化も見逃さない注意力。

最終目標を意識しながらこれらを組み合わせ、柔軟かつスピーディーにその場で提案したい。

まとめ

●期待とは「超える」もの。

# 仕事は遊び

遊びと同じ感覚で仕事をする、というと反感を持つ人も多いだろう。

しかし、遊びの感覚を失わないことは大切だ。

思い返してみよう。

**遊ぶときには知恵を絞って限られた時間とお金の有効な使い方を探すではないか。**

お金と時間の使い方が仕事でもっとも重要な要素であることはいうまでもない。

真面目になりすぎてはいけないのだ。

**真面目な人は自分で枠を作りこもってしまう。**

失敗を恐れ前例のないことに挑戦しようとしない。

それではだめだ。

イノベーションは今までの延長線上にはない。その外にある。

私の著書に『人間、仕事で遊べたら最高だ』（イースト・プレス）があるが、この本は非常によく売れた。遊びは頭を使って「時間とお金」の有効活用を考えるのだ。

よく真面目な人から「どう遊んだらいいのですか？」と質問されるが「何でも挑戦してみたらいい」と話すと、話は分かったが行動はしないで終わる人が多い。遊びのポイントは何でもいいので新しいことに挑戦することだ。挑戦には失敗も伴うが、仮に失敗しても失敗から学ぶこともできる。

**まとめ**

**●仕事にこそ遊び心を忘れない。**

# 6つのフロンティアスピリット

新しい仕事に取り組むときには、開拓者精神（フロンティアスピリット）が欠かせない。

フロンティアスピリットは次の6つにまとめられる。

1 **夢。**どうしたいのか？ また、どうなりたいのか？

2 **志。**心に秘めたエネルギーがなければ仕事は長続きしない。継続こそ力なり、だ。

3 **情熱とパワー。**ビジネスには周囲の人や、反対する人までも巻き込むパワーが必要だ。体力だけではなく頭脳のパワーも必須だ。

4 **数字。**数字にすることで、自分の目標がはっきりし、人にも示しやすい。代表的なものが、「5W1H」だ。

5 **よい仲間。**一人では何をやっても限界がある。上司、部下、同僚、外部の協力者などは必ず必要になる。

6　**挑戦。**失敗をしたことがない人はどうしても枠を作り、その中でしか行動できない。

仕事に限らず生きる上でもフロンティアスピリットを忘れないことだ。そうすれば毎日が充実し、楽しくなるだろう。

**まとめ**

**●仕事にフロンティアスピリットを忘れない。**

# 真のプロ集団

弊社の主力事業に屋根・外壁工事がある。
雨が降ると作業が止まり売り上げも上がらない、自然に左右されるビジネスだ。
ある月は1か月の半分が雨だった。普通に考えると、売り上げは半減だ。

**ところが、実際はわずか1割のダウンで済んだ。**素晴らしいことだ。
私の目に見えないところでさまざまな工夫や、雨の中でもカッパを着て仕事をしてくれたのかもしれない。職人さん達の生活（収入）も考え雨でもできる仕事を創ってくれたのだろう。

もう1つ驚いたのは、誰も不平・不満、そして雨を理由に「できない」と言わないことだった。
ハウスメーカーからは、いろいろなことを言われたに違いないのだが……。

素晴らしい社員達であると同時に、誇りに思える社員である。これが本当の「プロ集団」だと確信している。当時の私のブログには「社員、全員に何かお礼をしたい……。」と書かれている。

まとめ

●プロは「できない」と言わない。

# 一流の実践力

弊社のとある営業所で素晴らしい成果が出た。

営業所それぞれはそれほどの違いはない。市場も、材料も、職人さん達もほぼ同じだ。

しかし、成果を出した営業所には１つ、明らかな違いがあった。

**行動力だ。**

朝早くから動き、目星をつけた取引先には何度も足を運ぶ。取引がＯＫされるまで決して諦めない。

１つの受注を得ても慢心せず、すぐに次を狙って動く。次は2、そして4と倍々受注を目指して行動している。

この営業所は新設だったのだが、最初の事業計画書で3年先を目標として定められた目標をわずか半年でクリアしてしまった。

「はじめに」で紹介した入社早々に副社長に抜擢し、海外に派遣させた新入社員も素晴らしい行動力を発揮し、赤字体質だった会社の経営立て直しを私の想定よりも早く実現した。

**今、求められているのは一流の行動力と実践力だ。**

頭がいい人はたくさんいるが、成功するには実践力が欠かせない。リーダーを目指す若い世代にはまずは行動と実践で不透明な時代を切り拓いて行って欲しいと思う。

まとめ

●**頭よりも、実践力が必要だ。**

## 攻守と社会性

先日、弊社で働く職人さん達を集める「職人会」で、話しをする機会をいただいた。

南富士の屋根工事が大切にしていることは、3つある。

**第一に「攻」。**

関東に17の営業所を持つ弊社は、日本一の屋根・外壁工事会社だ。

どんな時代でも、どの業界でもナンバーワンは生き残れる。

また、少子高齢化時代の住宅着工の減少を見越し、リフォーム営業所も展開している。

さらには、アジア市場も視野に入れ、第一号としてインドネシアのジャカルタで一軒目が完工した。

**次に「守」。**

専属職人さんの仕事が大幅に減ったときには生活の保障を考えている。また、工事保証を弊社が行い信頼を保ち、さまざまな相談にも乗っている。

**最後は「社会性」。**

「Roof　Meister School」という社会に適応できない若者や、ひきこもっている若者を教育し、職人や技能職員として自立できるシステムをスタートしている。

南富士はこの3つの面を重視し、職人さんと共に成長していく。リーダーも同じだ。チームや組織を成長させることは大事だが、国際社会で認められるためには豊かな社会性も必要なのだ。

**まとめ**

● **攻守だけではなく社会性も大切にする。**

## ロボットにできない仕事

弊社は製材会社として創業し、住宅の販売、そして現在の総合外装事業とアジアでの人財育成と活用を主軸に変化した会社だ。多くの人から、なぜ住宅事業をやめて屋根工事に特化したのか、と聞かれることがある。

無理もない。住宅事業では特許を取得し差別化もできていた。やめる理由はなさそうに思えるかもしれない。

しかし、ＩＴ化の到来を感じていた。

**ＩＴやロボットにはできない仕事は何か？と考えた結果、住宅事業から撤退したのだ。**

屋根は形状も角度もバラバラで、ロボットでは絶対にできない仕事だと確信したからだ。

そして、システム化とネットワーク化、職人さんの育成に力を注いだ。
その結果、日本一のガリバー企業として、中国やアジアへの進出をスタートできている。

新しいことをはじめるときには古い何かを捨てて、エネルギーを集中しなければいけないと思う。

**まとめ**

●新しいことをはじめるときは何かを捨てる決断力も必要。

# ガリバー企業の心意気

あるメガバンクから、「屋根・外装工事のガリバー企業」との評価をいただいた。大変に光栄なことだ。

総合外装事業部の17人の営業部長に、ガリバー企業としての意気込みを聞いてみると、次の答えが返ってきた。ここではほんの一部しか紹介できないのが残念だ。

・現状に満足せずに挑戦あるのみ
・（自分では）やらない挑戦。教育と増客
・自主的に行動できる人づくり
・増客とやり抜く姿勢、有言実行
・専属職人5組など職人増と施工体制強化
・明確な目標の設定と自覚

・事故撲滅と外向きな行動で実績ＵＰ
・職人、ルーフマイスターの育成、強化
・リーダーとしての自覚と巻き込む力
・第４の柱づくり
・スピード勝負。スピードは力

頼もしい限りだ。

まず必要なのは、
**Plan（計画）、Do（実行）、Check（結果）の設定だ。**

守りでなく攻めで、失敗を恐れないで挑戦して欲しい。

真面目で管理中心の時代は終わり、殻を破って道を切り拓いていく者しか成長や成功はないと思う。

**まとめ**

**●ガリバー企業には挑戦が必要。**

# 第3章

# リーダーが成長するために必要な挑戦力

# 夢のない企業からは人が減る

私は大学卒業後、家業の製材業を手伝うようになった。

ところが20人いた従業員の大半が辞め、近くにできた大企業の工場へと転職してしまった。

残ったのは7人だけだ。

私は去った従業員達に理由を聞いてみた。

**いったい何がまずかったのだろうか？**

その答えは意外なものだった。

驚いたことに、去った人達は、仕事には不満はなかったという。

では給与に不満があったのか？　……違う。

じゃあ人間関係？

……それも違う。

彼らはこう言ったのだ。

**「夢がないんです」と。**

営んでいた製材業や当時の中小企業規模だった会社には夢がなく、展望が持てない。だから辞める、と。

つまり、人々は給与や人間関係といった一見わかりやすい条件でだけ判断するのではない。どれほど条件がよくても、夢がない企業で働こうとは思わないのだ。「夢のあるチーム」「夢のある会社」作りに挑戦しよう。

まとめ

**●チームも企業も必要なのは夢。**

# 夢を食べて生きる

多くの従業員が去った会社に残った私は「夢がある企業を作ろう」と思った。
それから50年。私はずっと夢を追ってきた。
この出来事は南富士の原点であり、ピンチがチャンスになった一例でもある。

先日、活力のある91歳の方とお会いした。
「日頃どのようなものを食べているのですか?」と聞いたところ、
**「夢を食べています」との答えだった。**

私よりも若々しい理由が理解できた。人は夢を食べる生き物なのだ。

**まとめ**

**●活力に年齢制限はない。活力は夢から生まれる。**

# ピンチはチャンス

営んでいた材木業から人が去ったときのようにピンチが訪れることは必ずある。

**だが、ピンチはチャンスでもある。**

山もあれば谷の時もある。それが人生である。ピンチ（大変な時）は大きく変える時であると考える。

失敗を恐れていては挑戦などできない。挑戦しなければ失敗はないが成功もない。

**同じようにピンチを恐れているうちは、チャンスは来ない。**

**まとめ**

- **「どんなに苦しくても必ず朝がやってくる」と思えば苦も楽となる。**

# 5年かかった八角形住宅

自然の力を上手く利用して光熱費の節約にもなる「八角形住宅」。この開発には、実に5年もの時を費やした。

まず許可をとるだけで3年かかった。

建設省（現在の国交省）を20回以上訪問したのだ。

最初は門前払いだった。ピンチである。はじめて話を聞いてくれたのは5回目くらいだったと記憶している。

相談に乗ってくれたのが10回目くらい。解決方法をアドバイスしてくれたときには、もう20回以上足を運んでいた。

次に、実際に作るのに約2年の月日を費やした。

途中、目途は立たないし費用は予想以上にかさんでいき、私自身が疲労で倒れ1カ月以上入院するトラブルもあった。

大変なピンチだ。**それでも私は諦めなかった。**

だが、こうして完成した八角形住宅は特許も取得し全国に1万6000棟も建っている。ハイクラスでローコスト、しかも地震に強い夢の住宅だが、その背景にはこんなドラマがあったのだ。

これもピンチがチャンスに転じた一例だ。

**まとめ**

**●諦めなければ、ピンチはチャンスになる。**

# 金融危機すらチャンスに変える

２００８年、世界中を経済的なパニックに陥れたリーマンショックが発生した。

もちろん日本も円高や株価の低迷など大パニックになった。

そのさなか、私が客員教授を務める中国の名門・清華大学から、

「リーマンショックにどう対応するかセミナーをしてほしい」

と連絡があった。


自分の会社も大変なのにどうすべきか。

悩みぬいた末に自社でやっていることを語ろうと決め、次の４点を伝えた。

１　**攻。**開発営業部を作り新規開拓に務めた。
２　**守。**ムダ取り室を設置し一切のムダをカットした。

3　**教育。**テクノロジーとマネジメントを組み合わせた「TM実践教室」を行った。

4　**頭脳。**中国のGMC（Global Management College）を活用した新しいビジネスをはじめる。

北京でのセミナーは無事に終了した。

会社でも、この4点を実行したことで大いに成果が上がった。企業にはたくさんのムダがあり、そのムダをなくすことに成功したからだ。これもピンチはチャンスの一例だ。リーマンショックから学んだ財産は今も弊社に生きている。

まとめ

●**ピンチは現状を見直すチャンスとなる。**

# 壁を破る5つの方法

仕事をしていると壁にぶつかることがある。

前例のないことや常識にとらわれないことをやっていると、いたるところで壁にぶつかるはずだ。

**だから壁は乗り越えるためにある。**

壁にぶつかったら自分のやっていることを反省してみよう。

**やっていることは時代に合っているか？**

合っていなければ、やめるしかない。

**やり方は正しいだろうか？**

やり方や人を変えると解決の糸口が掴めることがある。

壁を打ち破る具体的な方法は次の5つだ。

1　夢があれば壁は破れる。
2　シンプルに考え、あるべき姿を描く。
3　解決策は、3つ用意する。ベスト案・次の案・最悪時の案だ。
4　NOと言われてから最低3回はトライする。
5　化学反応的な解決を目指す。

壁は破ってもらえることを待っているだろう。

**まとめ**

**●挑戦をすると、しばしば壁にぶつかる。しかし夢があれば壁は破れる！**

# グローバルマネジメントカレッジとは

2005年、中国内陸の文化都市、湖北省の武漢市にアジアで活躍するリーダーを育成するための Global Management College（GMC）を開校した。

特別幹部人材育成センターとして、また、アジアの企業の**リーダーを育成するためのエリートを養成する機関だ。**

GMCの基本理念は、

1 経営は国や業種が変わっても、基本は同じ。
2 指示待ちではなく自ら考え解決する。
3 GMCは知識の場ではなく実践力育成の場。
4 アジアで迅速かつ指導力のある人材を作る。
5 GMCはエリート養成カレッジとして即戦力となる幹部を育成する。

というものだ。

第一期生は約2万人の応募者から選ばれた13名の若者だったが、最初は学生目線だった彼らも私の一言で目つきが変わった。

学生達の変化、成長を誇りに思っている。

**まとめ**

**●世界で活躍できるリーダーを目指せ！**

## リーダーの目線

ＧＭＣのＱさんが、あるメーカーで工場の改善を行っていた。

その現場を見学に来たＳさんに、せっかく工場に来たのだから気づいた現場の改善案を出してみないか、と伝えると、Ｓさんは３日間工場を歩き回り、10以上の問題点と改善策を挙げた。

「我ながらよく気づいて問題点を見つけた。提案もばっちりだ。」

と、自信に満ちた表情のＳさん。

ところがＱさんの反応は厳しい。

「費用はどうやって捻出する？」

「誰が担当する？」

「ほかのやり方は考えた？」などと、

次々と問題点を指摘されてしまった。

Sさんの提案は、どれも自己中心的で思い付きばかりだ、というのがQさんの指摘である。

**確かにQさんの提案は「5W1H」が明確で、コストやリスクなど、考慮すべき内容が網羅されている。**

しかも、解決方法が複数提案されている。全体を見ているのだ。

SさんはQさんにあって自分にないものは「いろいろな目線」だと気づいた。

Sさんが自己中心的だったのは、目線が1つだけだったからだ。

**まとめ**

**●多角的な目線を持つよう意識せよ。**

## 多角的な目線を持つ方法

多角的な目線を持つためには次の方法がある。

1　さまざまな体験をする。
2　いい師を持つ。
3　他の人の立場を想像する。

**自分より優れた人に接すれば、間違いを指摘してもらえる。**
また、他の人の立場を想像する習慣を持てば自己中心的になることはないだろう。

まとめ

●「経験」と「気づき」に勝る勉強はない！

## 会えるまで帰らない

弊社の営業社員Lさんは交渉の最終局面で先方のトップと直接会いたいと考え、相手先企業を訪問した。

だが、トップは不在。担当者や副責任者と会って話したが、らちがあかない。

これでは交渉が進まないと考えたLさんは、

**「社長と会えるまで帰りません」**

と宣言し、実に7時間も待ち、会うことに成功した。実は、困ってしまったのは相手先企業である。社長と連絡を取ったり、最高幹部に相談したりのてんてこ舞いであったそうだ。Lさんの粘り勝ちである。

Lさんの一生懸命さは、この一件で相手にも伝わったようだ。数日後、先方の最高幹部と打合せをしたときに、

「Lさんはすごい」

「一生懸命さが伝わってくる」

「貴社にはすばらしい社員がいる」

とべた褒めだったのだ。ビジネスはその後も順調に進んでいる。


交渉場面では決定権のある人に会う必要がある。そのためには時間が掛かるかもしれないが、最後まで粘る力が問われる。

**まとめ**

●決定権があるトップに会えるまで帰らない、くらいの粘り強さを持つ。

## 意図を汲む力

中国のCさんは長年、私の通訳をしてくれている。

日本国内の弊社社員は私の本を1度読む。しかし、Cさんをはじめとする中国の社員は同じ本を10回以上読むため、私以上に私の事が分かっている。

だから、通訳をするときも機械的に私の言葉を翻訳するのではなく、意図を汲み、私の意思を相手に伝えてくれる。

すると、的確なやりとりができる。

もう一例、弊社の責任者であるQさんもGMCのルールをよく理解している。

GMC講義2日目、5分遅刻をした学生がいた。全員が揃ったところで、Qさんは「遅刻をした人、立ってください。君はもう来なくていい」と告げた。

GMCには「最低限のルール」があり、その中に『時間を活かす』という項目がある。たとえば、**『約束の5分前、目上の人とは15分前に』**というものである。

「昨日、君は社長の話を聞いて最低限のルールも学んでいるし、実行できると約束した。その翌日から行動が伴わないような人間は、ここにいる資格はない。」

Qさんが発言しなければ私が学生に言い放っていただろう。

彼らは、私のやること、発言をよく見ていたことで表面的な理解だけではなく、私の意図を汲むことができるようになったのだ。

講義の取材に来ていた記者が、この様子を見て、

「すごい組織ですね。杉山社長の言うこと、やる事をよく見て徹底して実行している。こういう環境の中で〝人財〟が育っていくのですね」

と感心していた。

こういった優秀な若者が、世界のリーダーとして羽ばたくことを期待している。

**まとめ**

**●リーダーに必要なのは「頭」と「心」と「行動力」。それは繰り返すことで習得できる。**

## 見えないものを見る方法

とある中国のゴミ工場を調査することになった。工場の親会社である日系企業から改善の依頼を受けたからだ。

ところが、現地の責任者が私達を警戒し工場に一歩も入れない。

この状態でどうやって工場の問題点を見つけるか？

見えないものを見る。不可能に思える試みだ。

しかし、同行したプロジェクトのメンバーは工場の問題点を見つけ出してしまった。

それが以下の方法だ。

1　**工場から出るゴミを調べる。**ゴミ回収業者を味方につけゴミを分析することで、どのような材料をどのくらい使っているか把握する。

2　**ライバル工場を調べる。**入れないこの工場と似た工場の調査を行い、入れない工場の状態を推測する。

3　**工場に勤めていた人に話を聞く。**退職者を探し出し工場について話を聞いた。退職者リストなどないから100件以上の聞き込みをして退職者を探し出したという。

最後に、これらの情報を総合して、工場の問題点を指摘した。

一歩も現場に立ち入らずに、工場の問題点を調べ上げる。大胆で柔らかい発想と、地道な行動の組み合わせが、不可能を可能にしたといえる。

**まとめ**

- **ピンチに陥ってもやり抜くことで必ず道は拓ける。**
- **不可能に見えても必ず道はある。**

# 相手の立場に立つ

就職したＧＭＣの卒業生２名に会う機会があったので「ＧＭＣでいちばん学んだことは何だったか？」と聞くと、

**「相手の立場に立って考えること」**

との答えが返ってきた。

彼らは「相手の目線で相手の気持ちを考えて行動することを学びました。それまでは自分さえ良ければいいという考えでしたが、相手の立場に立って考えることを学びました」と言葉を続けた。これだけのことを言えるのは厳しさと愛情を持って育ててくれた中国の社員達のおかげでもある。

**まとめ**

**●相手の立場に立って考えることを学ぶ。**

# 「優秀」よりも「変化」を重視する

ＧＭＣ教育プロジェクトのサポートをしている社員から学生を対象にした課題報告会の感想が届いた。

課題報告会は日系企業から依頼が来たことを想定して、課題の解決方法を学生が話し合うものだ。

学生達はＧＭＣの教育スタッフによって評価されるのだが、サポートをした社員は、教育スタッフの評価方法が興味深かったという。

なぜならスタッフ達は

**「誰が優秀か」ではなく、「誰がもっとも変化したか、成長したか」**

に着目していたからだという。

サポートの社員はその光景を見て、ＧＭＣの卒業生達が社会に出た後、急激に成長する理由を理解したそうだ。

たしかに、通常は「優秀さ」にばかり目をとられてしまうが、変化が激しい今の時代では、変化、成長できる力のほうが重要だ。

**まとめ**

●部下、スタッフを育成するときは、現時点の能力より変化・成長できる力をみる。

# 中国の若者によるGMCの評価

アジアでの人材育成機関、ＧＭＣを中国でスタートしたのは２００５年。今年で14年が経つ。

世界へ拠点を持つ流通大手企業への出向が決まった2名のＧＭＣ卒業生に質問してみた。

博士号を持つＨさんと、日本語が堪能なＺさんである。

Ｈさんに、なぜＧＭＣに応募したのかと聞いた。

「理由は４つあります」

と彼は言う。曰く、

１　**縁。**偶然ＧＭＣを知ったことだ。

２　**理念。**ＧＭＣの理念に共感したためだという。

3　**可能性。**将来の可能性を感じてくれた。

4　**ネットワーク。**チームで仕事をするＧＭＣの仲間に入りたかったという。

Ｚさんは、「Global Management College」という名前に惹かれたという。「これからはグローバル化という考えがますます重要になります。若いグローバルリーダーを育てるノウハウは南富士にしかできないことだと思いました」

若いのに、これほど的確に自分の考えを述べられる2名。頼もしい限りだ。

**まとめ**

**●自分の考えを明確化する習慣をつけよ。**

# 経営は実践で学ぶ

日本には過半数の企業に後継者がいないという大きな社会問題がある。後継者がいないなら経営者を育てればいい。私が考える経営者の条件はたった三つだ。

1　素直な心。課題を発見する力だ。

2　柔らかい頭。社会の変化に対応しなければいけない。

3　挑戦力。まずやってみる力だ。

経営学は大学で学べる。

**しかし経営は実践でしか学べない。**

**まとめ**

●**経営は実践から学べ。**

# 教えない教育

ベトナムのハノイ工業大学と組んで「マイスタースクール」をはじめた。技能実習生とは異なり日本で長期雇用可能な「高度人材」を育成するカリキュラムだ。

ここでは3カ月間かけて技術と日本語を学ぶ。優秀者は日本で働くチャンスもある。

普通、学校には教師がいて、学生にいろいろなことを教える。

**だが、マイスタースクールでは「教えない教育」で人を育てている。**

教師がいつでも教えてくれると思うと、学生は教えられることを待つようになってしまう。それでは自分の頭で考えなくなってしまう。

つまり Teach から Learn への転換である。

こういうことだ。

1 「教える」から「学ぶ」へ。
2 「教科書に学ぶ」から「先生がいない」スタイルへ。
3 「答えがある」教育から「道がない」教育へ。
4 「覚える」勉強法から「気づく・考える」勉強法へ。

大いなる転換だ。教える側も頭を使わなければいけない。そして学生は社会人へと意識が変わるようになる。リーダーに求められるスキルに「課題を明確化し、解決策を考えることができる」というものがある。「教えない教育」は「目標に向け課題を整理し、解決策を立案して具体的な行動に結びつけ達成させる」ための訓練になるのだ。

**まとめ**

● **「教えない教育」で頭を使う習慣を養え。**

# 流れない水は腐ってしまう

マイスタースクールで教育に当たっているのがKさんだ。

Kさんは毎日新しい勉強方法を考え、生徒達とともに挑戦している。

なぜ毎日考えるのかというと、どんなによい教育方法であっても時間が経つと効果が落ちてくるためだという。

**流れない水は腐ってしまうということだ。**

人間も組織も変化しなければマンネリ化し問題が出てくる。

失敗を恐れず変革を続けよう。

**まとめ**

**●変化がないと劣化する。**

# 3カ月で自分を変える3つのポイント

弊社にはニートや引きこもりといった、正社員として働いた経験のない若者の採用に取り組むルーフマイスタースクールという社会貢献事業がある。「ひきこもり」や「一度社会に出てうまくいかなかった人達」の再チャレンジの「教育と就職の場」としての人生道場だ。

ルーフマイスタースクールの一期生である３名が研修を終えたのは、２０１７年の初夏だった。

彼らはその夏から本格的に屋根工事にとりかかった。

１日目から大きな声で挨拶をする彼らは、大工さん達からも好評だ。暑さに負けず頑張る姿は頼もしかった。

わずか３カ月の教育で一人前になれたのは３つのポイントを押さえたからだ。

1 **環境。**指導者と周囲の教育がよかった。

2 **チャンス。**チャンスを見逃さずに活かすことができた。

3 **向上心。**本人達に強い思いがあった。

何事も挑戦だ。

やってみれば結果は出る。

失敗を恐れてはいけない。3カ月あれば人は変われるのだ。

**まとめ**

**●環境、チャンス、向上心の3つがあれば人は短期間で変われる。**

# 「教」と「育」

「教育」という字は「教える」と「育てる」の2つから成り立っている。

この2つの違いは何だろうか？

新人の教育を任されたKさん。新人が提出した提案を細かいところまで読み込み、指導している。

「ここはよくないので、こうしたほうがいい。あと、この部分はこういうふうに改善して……」

これは**「教えて」いるのだろうか？　「育てて」いるのだろうか？**

答えは前者。教えているのだ。

しかし育ててはいない。

なぜなら、1から10まで教えてしまっているから、新人が自分で考える習慣をつけられないためだ。

人を育てるためには教え過ぎないほうがいい。

与える教育ではなく、教えられる側が自ら学ぶ教育は時間が掛かる。

しかし、学ぶ教育のほうが着実な成長が見込めるのではないか？

なぜなら自ら実践し困難にぶつかったり成功したりと、さまざまな体験をする中で人は育つ。失敗し、気づきを得る学習のほうが行動が変わりやすいからだ。

最高の教育は教え過ぎることなく、挑戦する機会を与えることだ。

**そして、行動が変われば人は成長できる。**

実践を続けることで人は学びを得、成長するのだ。

**まとめ**

- **「教える」と人は考えない＝育たない。**

# 質問に答えず、意図に答える

ある程度キャリアを積んでくると部下や若手からの質問を受けることがある。
この時の答え方は質問者の成長スピードを左右するので注意しなければいけない。

質問をされたとき、単に答えるだけなら簡単だ。
しかし、それだけで終わってしまう。相手を感動させることはできないし話はそれ以上発展しない。

1　その質問の裏に隠された、相手の意図を探ろう。
2　相手は何を求めてその質問をしているのか？
3　質問以外に本当に聞きたいことがあるのではないか？

言葉の端々や表情、動作から探るのだ。

**見えない意図を探り当てたら、質問ではなく、意図に答えよう。**

そうすれば、相手は感動しより深いレベルで納得してくれる。ビジネスでは新しい話へと発展していく可能性だって大である。すると、自分自信の成長にもつながるはずだ。

まとめ

●**質問の背後にある意図に答える。**

# 心に火をつける

教えられるだけの「Teach」型の教育を受けている若者達は、目に生気がやどっていない。

そんな若者達の心に火をつけるには古い知識を教え込むことや、マニュアル通りに教えていてはダメだ。

チャンスを与え、気づきを得られる環境を用意し学ぶ習慣をつけさせよう。

**「失敗しても大丈夫。**命をとられることはないから、一緒にドラマを作りましょう！」

そう言うと、彼らの目が輝きを取り戻した。心に火をつけるにはドラマが必要だ。

**まとめ**

**●能動的に学べる環境を用意する。**

# 全体を見る訓練に「絵」を使う

GMCのユニークな授業の1つに絵を使ったものがある。

なぜ絵なのか？

理由は2つ。

1つは、絵はぱっと見るだけで視覚的に理解できるからだ。言葉が通じない相手とのコミュニケーションにも有用だ。

もう1つの理由は、絵は発想力を豊かにし創造力が養えるからだ。今、美術鑑賞を研修に取り入れているグローバル企業が増えているという。

**ビジネスセンスは絵など美術鑑賞で磨かれる。**

**まとめ**

**●絵は発想力を豊かにし発想の転換にもなる。**

# 言葉よりも雄弁なもの

グローバル化が進み、弊社も海外から来た社員が増えている。

言葉や価値観の違いからいろいろなすれ違いが起こる。会話や指導をしようにも言葉が十分でなくなかなか伝わらない……。コミュニケーションも簡単ではない。

悩んでいたが、あるとき、言葉ではなく絵で伝えようとポスターを作ってみた。

すると大成功。

**今までの苦労が嘘のようにこちらの意図が伝わった。**

雄弁なのは言葉だけではない。視覚は言葉以上に多くを語るのだ。

**まとめ**

**●コミュニケーションの方法は言葉だけとは限らない。**

# 終章

# 戦略・戦術よりも必要なこと

# 時代は変化した

読者のみなさんは「仕事ができる人」になろうとしているのではないか。

しかし「仕事ができる人」の定義が時代によって変わっていることに気づいているだろうか？

もっとも原始的な狩猟・農業社会では、人々は食べ物が自然にできるのを待つしかなかった。

農耕がはじまっても、自然のサイクルによって食べ物が実ることを待っていた点は変わらない。

自然に支配されていたのだ。

だが、18世紀の産業革命後に工業化社会になる。

機械化が進み、人間は生産機械を持つ資本家と単純作業をする労働者に分かれるようになった。

工業化時代の教育は、決められた時間内に決められた単純作業をできるようになるための教育だった。

つまり、言われたことをやれる人間＝仕事ができる人間だったのだ。

**だが、今は知の時代になった。**

知恵と情報が成功につながる時代だ。

じっと待つ姿勢の人や、言われたことをこなすだけの人は今の時代の「仕事ができる人」ではない。

**まとめ**

**●知の時代である現代では知恵と情報が成功の源。**

## 知の時代のリーダー像

知の時代では誰でも成功する可能性がある。

性別も関係ない。これからは女性達がもっと活躍する時代になるだろう。

しかし、いいことばかりではない。

競争は激しくなるし格差も広がりつつある。だから、みなが考えなければいけない。考えられない人間は知の時代にはそぐわない。

知の時代のリーダーに求められる能力は、単純作業ではなく考えるためのツールやチームワークを用意できることとだ。

**たくさんの人の知恵を集め、まとめることがリーダーの仕事だからだ。**

具体的には、課題を見つけ解決のための知を集約し考え抜いて解決策を実践しなければならない。
そのためには、

1 企画力
2 提案力
3 コミュニケーション力

この3つが必要だ。

**知の時代なのに過去のリーダー像にとらわれていないか?**

振り返ってみよう。

**まとめ**

●**求められるリーダー像は時代とともに変化する。**

# 人間中心の時代

今までは目に見えるモノの時代だった。

だが、これからは目に見えない価値の時代だ。

目に見えない価値、すなわち情報や知恵は人間によって作られる。

**その意味では、今は人間中心の時代ともいえる。**

モノにとらわれることなく、人間という本質を見つめよう。

**まとめ**

- **目に見えない価値を理解してビジネスにつなげよ。**

# 企業が求める人材は変わっていく

**求められる人材は企業の「年齢」によっても変わる。**

ビジネスモデルを確立しなければいけない創業期は、人に例えると幼少時代だ。この時期にもっとも大切なことは、夢。だから、創業期は、創業者の夢に共感できる人材が必要になる。

会社を拡大させる時期は人の一生の青年期に相当する。どんどん挑戦していきたい。

組織が潤滑に動くようにマニュアル化、システム化を進めよう。スピード感を持って動ける人材が欠かせない。

人の壮年期にあたる安定期には、他社との差別化や新しい市場作りに忘れずに取り組みたい。収益の柱も複数あったほうがいい。

高い専門能力を持ち主体的に動く人材が欲しい。安定に安住せず、攻めの姿勢を忘れないようにしたい。

人生のどの時期にも不意に訪れるのが変革期だ。周囲の環境や考えの変化が変革を求める。とても重要な時期だ。

会社の変革期にはビジネスモデルを変えなければいけない。過去の成功体験にとらわれない、柔軟で挑戦力のある人材が必要になるだろう。固定観念にとらわれていては、変革できず生き残れない。

このように、必要になる人材は会社の年齢によって変わってくる。今の会社がどの段階にいて、どのような人材を求めているか、もう一度考えてみよう。

**まとめ**

**●求められる人材は企業の年齢によって変わる。**

## 時代のキーワード

今、世界で求められているのはマネジメント能力がある人材だ。

変化が激しい人間中心の時代にはマネジメント能力がなければいけない。年功序列や多数決に頼るようでは生き残れないだろう。

**現代のキーワードは、「M」と「A」だ。**

Mは、次の5つ。

1 MAN

2 Management

3 Market

4 Money

5　Meeting

続いてAは、次の5つだ。

1　ASIA

2　Advantage

3　Amenity

4　Art

5　Attack

以上の10のキーワードを肝に銘じよう。

**まとめ**

●マネジメント能力を鍛えるカギは10のキーワードの中にあり。

# 一流のリーダーが実行している8つの心得

新人もいつか人の上に立つようになる。

いや、立たなければならない。

しかし、単に年齢を重ねるだけでは人の上に立つ資格はない。人の上に立つには、それなりの条件を満たさなければいけない。

思うに、リーダーが実行するべきものに８つの心得がある。

## 心得1　全体を見渡す。

目の前だけを見てはいけない。予想される将来やシステムや組織の全体など、空間的、時間的に広い視野を持とう。

また、長所と短所の両方を見るバランス感覚も欲しい。

**心得2　基本方針を持っている。**

ブレるリーダーは不要だ。

しっかりとした基本方針を持ち、柔軟でありつつも譲らない一線を持っていたい。

基本がしっかりしていなければ応用ができないことと同じだ。

**心得3　見る力と聞く力。**

問題を整理し本質を見抜かなければいけない。

表面的な問題に目をとられるようではまずい。リーダーは、現場やスタッフをしっかりと観察しよう。

**心得4　考える力。**

問題を解決するための知恵と知識が欲しい。

優先順位を立て、不要なものを捨てる柔軟さも欠かせない。何をやるかも大切だが、「何をやらないか」も同じくらい重要だ。

**心得5　コミュニケーション力。**

多弁は不要だが聞く力は絶対に要る。「相談しやすいリーダー」はチームのトラブルを未然に防ぐことができる。また、「話を聞いてくれるリーダー」は信頼を得られるので、部下や組織をうまく巻き込みビジネスを成功することが可能だ。

**心得6　実行力。**

どんな理想も実行しなければ意味がない。

失敗を恐れずまずはやってみようではないか。

ただし、がむしゃらなだけではいけない。５Ｗ１Ｈを押さえ、計画的に実行すべきだ。

**心得7　スピード感。**

即実行。

あるいは当日に実行。

最低でも翌朝までにやる。

この3つ以外はダメだ。スピードは誰でも手に入れられる武器なのだ。

**心得8　結果。**

リーダーは結果を出す。
それだけではなく結果をわかりやすい数字で表す。
この2つを行ってはじめてリーダーと呼ぶことができる。

**まとめ**

●**リーダーはとにかく8つの心得を実行せよ。**

# 戦略的思考

ビジネスの世界で「戦略」と聞くが、その意味を理解している者は多くない。**まず戦略に必要なのは、長期的な視点だ。**最終目標から逆算し、現状を把握する。そして、短期的な動向ではなく長期的なトレンドをつかむ。

同時に、多角的に見る視点も求められる。1つの視点にこだわってはいけない。社会性も見落とせないし、ときには動物的な勘が頼りになることもある。

ただし深く考えることが前提だ。専門性に基づき、しっかり本質を見極めよう。

このように、いろいろな方法で物事に取り組むのが戦略的思考だ。

まとめ

● **戦略的思考には多様な視点が必要。**

## 組織の役割分担

目標が大きくなればなるほどリーダーひとりでは手に負えなくなる。役割を分担し、システマチックに取り組みたい。

個々の作業の担当者は自立してすばやく課題をこなす。彼らはナンバーワンだと胸を張れる専門分野を最低1つは持つプロフェッショナルでもある。

彼らを管理すべきマネージャーは目標を設定することが最大の仕事だ。人を動かすためにはわかりやすい目標がいる。

さらに上の幹部は戦略的な立案能力が問われる。創造性が重要な立場だ。前例踏襲主義に陥ってはならない。

このようなメンバーをトップでまとめるのがリーダーだ。

**リーダーの下にいる者達は「どうやるか」を考えることが仕事だが、**

**リーダーは「何をやるか」を考える。**

「どうやるか」は下の者達に任せよう。

リーダーは組織の方向性を決める。だから、リーダーが判断を誤るとどんなに優秀なスタッフがいても組織は誤った方向に動く。

リーダーの責任は重大なのだ。

まとめ

●リーダーは「何をやるか」を決めよ。

# 経営は心を動かす

究極的には、経営とは人の心を動かす仕事だ。

モノや金を動かすのではない。人間力の時代にもっとも重要になるのが人の心だからだ。

**少し長くなるが、人の心を動かすために必要なものを挙げてみよう。**

1 **理。** 理論的に説得する能力は社会人に必須。

2 **情。** 理論だけではなく情に訴える必要もある。

3 **力。** 強権的な力で動かざるを得ないこともあるだろう。

4 **夢。** スタッフの心を動かすのは夢だ。

5 **法。** 法律を守るのはもちろん社内にも法はある。

6 **利。** 利益のこと。人は利益があるから動くのだ。

7 **足。**仕事は足を運ぶことで進展する。諦めない力のことでもある。

8 **貸し。**相手に貸しを作っておけば、その後の交渉が有利に運ぶ。

9 **時間。**仕事には時間が掛かる。人を動かすときも同じ。根負けするまで説得を続けよう。

10 **まさか。**相手の意表を突き主導権を握ろう。

人の心を動かすにはこのようなテクニックがいる。もっとも、本書を読んだならば、理解できているだろう。

まとめ

**●人を動かすことは人の心を動かすこと。**

# 経営の本質

経営でもっとも重要なことは何か？

それはInnovation（創造）だろう。
会社に利益をもたらすのも人を動かすのも一種の創造だ。

**創造とは社会を変えることだ。**
過去を捨て、既存のものと新しいものを組み合わせればクリエイティブになれる。
そのためには「何をするか」、つまり経営のセンスと「どうするか」、つまり管理の力が欠かせない。管理と言葉にすると面倒くさく感じる人もいるだろうが本来の管理はネガティブなものではない。

創造するためにはゼロからの独創性と、既存の物を組み合わせる力の2つが必要になる。
競争がますます苛烈する世界市場で何を課題とすべきか。斬新な商品やサービスはどのように開発したらいいのか。もし創造力が足りなければ、創造力がある味方を集めよう。だから組織が必要なのだ。

**まとめ**

●**創造には管理と経営の力が必要。**

# GMCの夢と、最低限のルール

創造的な人と仕事をするためには８つのルールがある。

これらはＧＭＣのメンバーだったら最低限のルールであるが、社会人なら実は誰にでも当てはまるだろう。

**ルール１　時間を活かす**

５分前行動を心掛けたい。

**ルール２　約束を守る**

自分で約束を守り相手にも守ってもらう。

**ルール３　整理、整頓、清掃**

職場を片付けるのと同時に頭の中も整理しておく。

**ルール4　コミュニケーション**

挨拶にはじまり自分の考えを相手に伝える努力を怠らない。

**ルール5　スピード**

時間は貯金できず逃げていくばかり。ただちに決断しよう。

**ルール6　目線**

自分中心にならず相手の目線に立つ。

**ルール7　提案と対案**

ノーを言うときには提案をセットで。

**ルール8　頑張りより成果**

「がんばります」はダメ。成果を出そう。そして成果をわかりやすく表現しよう。

**もっとも重要なことは行動すること。**

言うだけ、考えるだけではいけない。


現在、350名を超えるGMCのメンバーがアジアの企業で活躍している。

GMCの活躍の場は、世界中に広がっているのだ。


**GMCの仲間達は、理念を共有している。**

だから、人脈や知恵のネットワークは今後も広がっていくだろう。

10年先を想像してみよう。そこに無限の可能性が広がっていることに気づいただろうか。

**まとめ**

- **創造のためには行動が必要。**
- **理念を共有したネットワークは世界に広がっていく。**

## ブレイクスルーは諦めないこと

殻を破る革新的な解決策、ブレイクスルーはビジネスのうえで必要だが簡単ではない。

**基本は諦めずに挑戦を続けることだ。**1回や2回でブレイクスルーが起こることを期待してはいけない。

常識を脱しマイナスをプラスにする。

100の引き出しを用意し人と出会う。

これらも、すぐに結果が出なくても諦めないことだ。

一歩一歩の積み重ねの先に目指す頂上はある。ビジネスは登山と同じなのだ。10回、20回と続けたい。

**まとめ**

- **道のりが遠くても一歩一歩確実に進めよう。**

# 創造は人間にしかできない

今後、多くの仕事がＡＩに置き換えられるという。ＡＩに仕事を奪われないためには人間にしかできない仕事がカギになるだろう。

**人間にしかできない仕事。**
**それが創造だ。**

創造の原点には気づく力がある。さまざまな情報を総合し気づきを得ることは人間にしかできない。

創造とは市場の創造であり、技術の創造であり経営の創造でもある。

創造がビジネスを変えるのだ。

仕事を奪われ「価値を失うこと」を恐れる前に、人間にしかできない創造力で夢を広げよう。時代に合わせ、常に変化し続けられることが、これからの時代を生き抜くリーダー、いやビジネスマン全員にとっての必須条件になるだろう。

**まとめ**

- 創造は人間にしかできない仕事。
- 見えない未来を不安視するより、「今自分が何をすべきか」を考えよ。そうすれば未来は必ず明るくなるはずだ。

## 南富士の人材育成にかける想い

「人づくり」になぜここまでこだわるのか？

私はビジネスをしながら人を育て、今年で45年になる。「会社経営」をしながら、「人づくり」をライフワークのようにして来た。人材がいなければ人材を創ろう、と考えたからだ。

若い時、当社に「夢」がなくて多くの若い社員が辞めていった。辞めた人が羨ましくなる会社、残った人が残って良かったと思う会社をつくろうと、心に決めた。その基本は「人」であり「人づくり」である。

魅力ある花木には自然と蝶が飛んでくる。魅力ある会社を作れば、自然と人は集まってくる。

弊社の基本理念は次の3つ。

1　人づくり（人を育て、事業を興し発展する企業）
2　社会型企業（やりがい、お金儲け、社会貢献）
3　人マネしない、されない事業

この理念を掲げ、さまざまな人づくりを日本、アジアでやって来た。育てた人は財産（無形資産）で、ヒューマンネットワークが出来上がり多彩なビジネスチャンスとなってくる。種を蒔くと芽は出てくる。年齢、性別、国籍は問わないで育てて来た。ほとんどが無償である。

人づくりの例を挙げると、
・四大卒女子カーペンターチーム（日本）
・職人養成学校（日本）
・Global Management College（中国、ベトナムで経営人材の育成）
・Meister School（ベトナム、中国で大卒高度人材育成）
・Roof Meister School（日本）

・経営者塾（日本）

今もほとんど継続している。

人づくりを人にうまく説明できないので、「私の趣味です」と言って来た。成功もあれば失敗も数えきれない程ある。リーダーだけでなく、社会的弱者（引きこもりやニートなど）もRoof Meister Schoolで育てている。

国際化時代の到来でますます「人」が中心となって来た。経営において金を残すことも大切だが、私は人を残すことに主眼を置いている。人はさまざまなモノを生み出す（創造する）力を持っている。

以前、一橋大学の経済学部長・岡室博之教授が主宰する国際会議で挨拶する機会を頂戴した。その際、岡室教授から、

「主催団体から日本を代表する「人道的企業家」の一人として杉山会長が認められました。アジア各国の主要大学でリーダー育成プログラムを運営されている、すばらしい企業家だと思います」

というお言葉をいただいた。この場を借り改めて岡室教授にお礼を申し上げたい。
また末筆ながら、私を支えてくれている家族と社員に心から感謝したい。ありがとう!

杉山　定久

2019年1月

**杉山 定久** すぎやま さだひさ

1943年静岡県生まれ。南富士株式会社代表取締役会長。
清華大・武漢大など中国トップ大学16校の客座教授を務める。
日本一の施工量を誇る住宅屋根外壁工事業を展開する一方、
45年以上にわたる中国・アジアでの人づくりで培ったネットワークや経験を活かし、
2005年、グローバル経営リーダーを無料で育成する
私塾GMC（Global Management College）を中国・武漢に設立。
これまでに350名以上の人財を輩出し、企業・大学をはじめ幅広い方面から高い評価を受ける。

# 世界《せかい》で活躍《かつやく》する<br>リーダーを目指《めざ》す君《きみ》へ

2019年1月17日 初版第1刷発行

著　　者　杉山《すぎやま》 定久《さだひさ》

装　　丁　菅野祥恵（株式会社ウエイド）
イラスト　関和之（株式会社ウエイド）
ＤＴＰ　小林寛子
編集協力　佐藤喬
編　　集　加藤有香
発 行 人　北畠夏影
発 行 所　株式会社イースト・プレス
〒101-0051
東京都千代田区神田神保町2-4-7 久月神田ビル
Tel.03-5213-4700
Fax03-5213-4701
http://www.eastpress.co.jp
印刷・製本　中央精版印刷株式会社

---


ISBN978-4-7816-1749-7